Diario dei Sogni

Scrivi i tuoi sogni.....

I SOGNI **sono doni preziosi**, sono uno strumento potente e naturale per la crescita, la guarigione e la trasformazione.

Sono finestre sul tuo Sé più profondo e attraverso loro puoi imparare di più sui tuoi sentimenti subconsci, aumentare la tua consapevolezza, accedere alla tua creatività ed essere guidato dalla tua saggezza interiore.

Se sei intenzionato a fare un lavoro di introspezione su te stesso per capire meglio chi sei, tieni questo diario accanto al tuo letto e scrivi i tuoi sogni per osservare meglio i loro potenziali significati.

Attraverso questa **pratica quotidiana**, comprenderai meglio le tue emozioni, i tuoi pensieri e collegherai il contenuto dei tuoi sogni agli eventi della tua vita _"da sveglio"_. Questo ti permetterà di elaborare le tue sensazioni, aumentare la tua creatività e migliorare la tua capacità di memoria.

BUON VIAGGIO INTERIORE VERSO NUOVE TERRE INESPLORATE, TUTTO È DA SCOPRIRE...

Data: ———
Ora: ———

Il mio sogno:

sogno...

☆ RICORRENTE
☆ LUCIDO
☆ INCUBO

ALTRO:
_____
_____
_____
_____

Le mie emozioni...

☆ _____
☆ _____
☆ _____

_____
_____
_____

Riflessioni...

_____
_____
_____
_____
_____
_____
_____
_____
_____
_____
_____
_____
_____
_____
_____
_____
_____
_____
_____

Data: _____
Ora: _____

Il mio sogno: _____

_____
_____
_____
_____
_____
_____
_____
_____
_____
_____
_____
_____
_____
_____
_____
_____
_____
_____
_____
_____
_____
_____
_____

sogno...
- ☆ RICORRENTE
- ☆ LUCIDO
- ☆ INCUBO

ALTRO:
_____
_____
_____
_____

Le mie emozioni...
- ☆ _____
- ☆ _____
- ☆ _____

_____
_____
_____
_____

Riflessioni...
_____
_____
_____
_____
_____
_____
_____
_____
_____
_____
_____
_____
_____
_____
_____

Data: _____
Ora: _____

Il mio sogno: _____

_____
_____
_____
_____
_____
_____
_____
_____
_____
_____
_____
_____
_____
_____
_____
_____
_____
_____
_____
_____
_____
_____
_____
_____

sogno...

- ☆ RICORRENTE
- ☆ LUCIDO
- ☆ INCUBO

ALTRO:
_____
_____
_____
_____

Le mie emozioni...

- ☆ _____
- ☆ _____
- ☆ _____

_____
_____
_____
_____

Riflessioni...

_____
_____
_____
_____
_____
_____
_____
_____
_____
_____
_____
_____
_____
_____
_____
_____
_____

Data: _____

Ora: _____

Il mio sogno:

_____

_____

_____

_____

_____

_____

_____

_____

_____

_____

_____

_____

_____

_____

_____

_____

_____

_____

_____

_____

_____

_____

_____

sogno...

- ☆ RICORRENTE
- ☆ LUCIDO
- ☆ INCUBO

ALTRO:
_____
_____
_____
_____

Le mie emozioni...

- ☆ _____
- ☆ _____
- ☆ _____

_____
_____
_____
_____

Riflessioni... _____

_____
_____
_____
_____
_____
_____
_____
_____
_____
_____
_____
_____
_____
_____
_____
_____
_____
_____

Data: _____
Ora: _____

Il mio sogno: _____

_____
_____
_____
_____
_____
_____
_____
_____
_____
_____
_____
_____
_____
_____
_____
_____
_____
_____
_____
_____
_____
_____
_____
_____
_____
_____

sogno...

☆ RICORRENTE

☆ LUCIDO

☆ INCUBO

ALTRO:
_____
_____
_____
_____

Le mie emozioni...

☆ _____

☆ _____

☆ _____

_____
_____
_____
_____

Riflessioni...

Data: _____

Ora: _____

Il mio sogno:

_____

_____

_____

_____

_____

_____

_____

_____

_____

_____

_____

_____

_____

_____

_____

_____

_____

_____

_____

_____

_____

sogno...

- ☆ RICORRENTE
- ☆ LUCIDO
- ☆ INCUBO

ALTRO:
_____
_____
_____

Le mie emozioni...

- ☆ _____
- ☆ _____
- ☆ _____

_____
_____
_____

Riflessioni...

_____
_____
_____
_____
_____
_____
_____
_____
_____
_____
_____
_____
_____
_____
_____
_____
_____
_____

Data: _____

Ora: _____

Il mio sogno:

_____
_____
_____
_____
_____
_____
_____
_____
_____
_____
_____
_____
_____
_____
_____
_____
_____
_____
_____
_____
_____
_____
_____

sogno...
- ☆ RICORRENTE
- ☆ LUCIDO
- ☆ INCUBO

ALTRO:
_____
_____
_____

Le mie emozioni...
- ☆ _____
- ☆ _____
- ☆ _____

_____
_____
_____

Riflessioni...
_____
_____
_____
_____
_____
_____
_____
_____
_____
_____
_____
_____
_____
_____
_____
_____
_____
_____
_____

Data: _____

Ora: _____

Il mio sogno:

_____

_____

_____

_____

_____

_____

_____

_____

_____

_____

_____

_____

_____

_____

_____

_____

_____

_____

_____

_____

_____

_____

_____

_____

sogno...
- ☆ RICORRENTE
- ☆ LUCIDO
- ☆ INCUBO

ALTRO:
_____
_____
_____
_____

Le mie emozioni...

- ☆ _____
- ☆ _____
- ☆ _____

_____
_____
_____

Riflessioni...

_____
_____
_____
_____
_____
_____
_____
_____
_____
_____
_____
_____
_____
_____
_____
_____
_____
_____
_____

Data : _____

Ora : _____

Il mio sogno :

sogno...

☆ RICORRENTE
☆ LUCIDO
☆ INCUBO

ALTRO:
_____
_____
_____
_____

Le mie emozioni...

☆ _____
☆ _____
☆ _____

_____
_____
_____
_____

Riflessioni...

_____
_____
_____
_____
_____
_____
_____
_____
_____
_____
_____
_____
_____
_____
_____
_____
_____
_____

Data: _____
Ora: _____

Il mio sogno:

_____
_____
_____
_____
_____
_____
_____
_____
_____
_____
_____
_____
_____
_____
_____
_____
_____
_____
_____
_____
_____
_____
_____

sogno...
- ☆ RICORRENTE
- ☆ LUCIDO
- ☆ INCUBO

ALTRO:
_____
_____
_____
_____

Le mie emozioni...

- ☆ _____
- ☆ _____
- ☆ _____

_____
_____
_____

Riflessioni...

_____
_____
_____
_____
_____
_____
_____
_____
_____
_____
_____
_____
_____
_____
_____
_____

Data: _____
Ora: _____

Il mio sogno:

_____
_____
_____
_____
_____
_____
_____
_____
_____
_____
_____
_____
_____
_____
_____
_____
_____
_____
_____
_____
_____
_____

sogno...

☆ RICORRENTE
☆ LUCIDO
☆ INCUBO

ALTRO:
_____
_____
_____
_____

Le mie emozioni...

☆ _____
☆ _____
☆ _____

_____
_____
_____

Riflessioni...

_____
_____
_____
_____
_____
_____
_____
_____
_____
_____
_____
_____
_____
_____
_____
_____
_____
_____

Data : _____

Ora : _____

Il mio sogno:

_____
_____
_____
_____
_____
_____
_____
_____
_____
_____
_____
_____
_____
_____
_____
_____
_____
_____
_____
_____
_____
_____
_____
_____

sogno...

- ☆ RICORRENTE
- ☆ LUCIDO
- ☆ INCUBO

ALTRO:
_____
_____
_____
_____

Le mie emozioni...

- ☆ _____
- ☆ _____
- ☆ _____

_____
_____
_____

Riflessioni...

_____
_____
_____
_____
_____
_____
_____
_____
_____
_____
_____
_____
_____
_____
_____
_____
_____
_____

Data: ———————

Ora: ————

Il mio sogno: ——————

—————————————————————
—————————————————————
—————————————————————
—————————————————————
—————————————————————
—————————————————————
—————————————————————
—————————————————————
—————————————————————
—————————————————————
—————————————————————
—————————————————————
—————————————————————
—————————————————————
—————————————————————
—————————————————————
—————————————————————
—————————————————————
—————————————————————
—————————————————————
—————————————————————
—————————————————————
—————————————————————
—————————————————————

sogno...
- ☆ RICORRENTE
- ☆ LUCIDO
- ☆ INCUBO

ALTRO:
_____
_____
_____

Le mie emozioni...

- ☆ _____
- ☆ _____
- ☆ _____

_____
_____
_____
_____

Riflessioni...

_____
_____
_____
_____
_____
_____
_____
_____
_____
_____
_____
_____
_____
_____
_____
_____
_____

Data: _____

Ora: _____

Il mio sogno: _____

_____
_____
_____
_____
_____
_____
_____
_____
_____
_____
_____
_____
_____
_____
_____
_____
_____
_____
_____
_____
_____
_____
_____
_____

sogno...
- ☆ RICORRENTE
- ☆ LUCIDO
- ☆ INCUBO

ALTRO:
_____
_____
_____
_____

Le mie emozioni...

- ☆ _____
- ☆ _____
- ☆ _____

_____
_____
_____

Riflessioni...

_____
_____
_____
_____
_____
_____
_____
_____
_____
_____
_____
_____
_____
_____
_____
_____
_____
_____

Data: _____

Ora: _____

Il mio sogno: _____

sogno...

- ☆ RICORRENTE
- ☆ LUCIDO
- ☆ INCUBO

ALTRO:
_____
_____
_____
_____

Le mie emozioni...

- ☆ _____
- ☆ _____
- ☆ _____

_____
_____
_____
_____

Riflessioni...

_____
_____
_____
_____
_____
_____
_____
_____
_____
_____
_____
_____
_____
_____
_____
_____
_____
_____
_____

Data: _____

Ora: _____

Il mio sogno:

_____
_____
_____
_____
_____
_____
_____
_____
_____
_____
_____
_____
_____
_____
_____
_____
_____
_____
_____
_____
_____

sogno...

- ☆ RICORRENTE
- ☆ LUCIDO
- ☆ INCUBO

ALTRO:
_____
_____
_____
_____

Le mie emozioni...

- ☆ _____
- ☆ _____
- ☆ _____

_____
_____
_____
_____

Riflessioni...

_____
_____
_____
_____
_____
_____
_____
_____
_____
_____
_____
_____
_____
_____
_____
_____
_____
_____

Data: _____

Ora: _____

Il mio sogno:

_____

_____

_____

_____

_____

_____

_____

_____

_____

_____

_____

_____

_____

_____

_____

_____

_____

_____

_____

_____

_____

_____

_____

_____

_____

sogno...

☆ RICORRENTE
☆ LUCIDO
☆ INCUBO

ALTRO:
_____
_____
_____
_____

Le mie emozioni...

☆ _____
☆ _____
☆ _____

_____
_____
_____

Riflessioni... _____

_____
_____
_____
_____
_____
_____
_____
_____
_____
_____
_____
_____
_____
_____
_____
_____
_____
_____
_____

Data: _____
Ora: _____

Il mio sogno: _____

_____
_____
_____
_____
_____
_____
_____
_____
_____
_____
_____
_____
_____
_____
_____
_____
_____
_____
_____
_____
_____
_____
_____

sogno...

☆ RICORRENTE
☆ LUCIDO
☆ INCUBO

ALTRO:
_____
_____
_____
_____

Le mie emozioni...

☆ _____
☆ _____
☆ _____

_____
_____
_____
_____

Riflessioni...

Data: _____

Ora: _____

Il mio sogno: _____

_____
_____
_____
_____
_____
_____
_____
_____
_____
_____
_____
_____
_____
_____
_____
_____
_____
_____
_____
_____
_____
_____

sogno...
- ☆ RICORRENTE
- ☆ LUCIDO
- ☆ INCUBO

ALTRO:
_____
_____
_____

Le mie emozioni...
- ☆ _____
- ☆ _____
- ☆ _____

_____
_____
_____

Riflessioni...
_____
_____
_____
_____
_____
_____
_____
_____
_____
_____
_____
_____
_____
_____
_____
_____
_____
_____
_____

Data: _____

Ora: _____

Il mio sogno:

_____
_____
_____
_____
_____
_____
_____
_____
_____
_____
_____
_____
_____
_____
_____
_____
_____
_____
_____
_____
_____
_____
_____

sogno...
☆ RICORRENTE
☆ LUCIDO
☆ INCUBO

ALTRO:
_____
_____
_____
_____

Le mie emozioni...
☆ _____
☆ _____
☆ _____

_____
_____
_____

Riflessioni... _____
_____
_____
_____
_____
_____
_____
_____
_____
_____
_____
_____
_____
_____
_____
_____
_____
_____

Data: _____

Ora: _____

Il mio sogno:

_____
_____
_____
_____
_____
_____
_____
_____
_____
_____
_____
_____
_____
_____
_____
_____
_____
_____
_____
_____
_____
_____
_____
_____
_____
_____

sogno...

☆ RICORRENTE
☆ LUCIDO
☆ INCUBO

ALTRO:
_____
_____
_____

Le mie emozioni...

☆ _____
☆ _____
☆ _____

_____
_____
_____

Riflessioni...

_____
_____
_____
_____
_____
_____
_____
_____
_____
_____
_____
_____
_____
_____
_____
_____
_____
_____

Data: _____

Ora: _____

Il mio sogno: _____

_____
_____
_____
_____
_____
_____
_____
_____
_____
_____
_____
_____
_____
_____
_____
_____
_____
_____
_____
_____
_____

sogno...

☆ RICORRENTE
☆ LUCIDO
☆ INCUBO

ALTRO:
_____
_____
_____

Le mie emozioni...

☆ _____
☆ _____
☆ _____

_____
_____
_____

Riflessioni...

Data: _____

Ora: _____

Il mio sogno: _____

_____
_____
_____
_____
_____
_____
_____
_____
_____
_____
_____
_____
_____
_____
_____
_____
_____
_____
_____
_____
_____
_____
_____

sogno...

☆ RICORRENTE

☆ LUCIDO

☆ INCUBO

ALTRO:
_____
_____
_____
_____

Le mie emozioni...

☆ _____

☆ _____

☆ _____

_____
_____
_____
_____

Riflessioni...

_____
_____
_____
_____
_____
_____
_____
_____
_____
_____
_____
_____
_____
_____
_____
_____
_____
_____

Data: _____

Ora: _____

Il mio sogno:
_____

_____
_____
_____
_____
_____
_____
_____
_____
_____
_____
_____
_____
_____
_____
_____
_____
_____
_____
_____
_____
_____
_____
_____
_____
_____

sogno...

- ☆ RICORRENTE
- ☆ LUCIDO
- ☆ INCUBO

ALTRO:
_____
_____
_____
_____

Le mie emozioni...

- ☆ _____
- ☆ _____
- ☆ _____

_____
_____
_____
_____

Riflessioni...

_____
_____
_____
_____
_____
_____
_____
_____
_____
_____
_____
_____
_____
_____
_____
_____
_____

Data: _____
Ora: _____

Il mio sogno: _____

_____
_____
_____
_____
_____
_____
_____
_____
_____
_____
_____
_____
_____
_____
_____
_____
_____
_____
_____
_____
_____
_____
_____

sogno...

- ☆ RICORRENTE
- ☆ LUCIDO
- ☆ INCUBO

ALTRO:
_____
_____
_____

Le mie emozioni...

- ☆ _____
- ☆ _____
- ☆ _____

_____
_____
_____

Riflessioni... _____

_____
_____
_____
_____
_____
_____
_____
_____
_____
_____
_____
_____
_____
_____
_____
_____
_____
_____

Data: _____

Ora: _____

Il mio sogno: _____

_____

_____

_____

_____

_____

_____

_____

_____

_____

_____

_____

_____

_____

_____

_____

_____

_____

_____

_____

_____

_____

sogno...
- ☆ RICORRENTE
- ☆ LUCIDO
- ☆ INCUBO

ALTRO:
_____
_____
_____

Le mie emozioni...

- ☆ _____
- ☆ _____
- ☆ _____

_____
_____
_____

Riflessioni...

_____
_____
_____
_____
_____
_____
_____
_____
_____
_____
_____
_____
_____
_____
_____
_____
_____

Data: _____

Ora: _____

Il mio sogno:

sogno...
☆ RICORRENTE
☆ LUCIDO
☆ INCUBO

ALTRO:
_____
_____
_____
_____

Le mie emozioni...
☆ _____
☆ _____
☆ _____

_____
_____
_____
_____

Riflessioni... _____
_____
_____
_____
_____
_____
_____
_____
_____
_____
_____
_____
_____
_____
_____
_____
_____
_____

Data : _____

Ora : _____

Il mio sogno:

_____
_____
_____
_____
_____
_____
_____
_____
_____
_____
_____
_____
_____
_____
_____
_____
_____
_____
_____
_____
_____
_____
_____

sogno...

☆ RICORRENTE
☆ LUCIDO
☆ INCUBO

ALTRO:
_____
_____
_____

Le mie emozioni...

☆ _____
☆ _____
☆ _____

_____
_____
_____

Riflessioni...

_____
_____
_____
_____
_____
_____
_____
_____
_____
_____
_____
_____
_____
_____
_____
_____
_____
_____
_____

Data: _____

Ora: _____

Il mio sogno: _____

_____

_____

_____

_____

_____

_____

_____

_____

_____

_____

_____

_____

_____

_____

_____

_____

_____

_____

_____

_____

_____

_____

_____

sogno... ☆ RICORRENTE
☆ LUCIDO
☆ INCUBO

ALTRO:
_____
_____
_____

Le mie emozioni...
☆ _____
☆ _____
☆ _____

_____
_____
_____

Riflessioni... _____

_____
_____
_____
_____
_____
_____
_____
_____
_____
_____
_____
_____
_____
_____
_____

Data: _____
Ora: _____

Il mio sogno: _____

_____
_____
_____
_____
_____
_____
_____
_____
_____
_____
_____
_____
_____
_____
_____
_____
_____
_____
_____
_____
_____
_____
_____
_____
_____

sogno...

- ☆ RICORRENTE
- ☆ LUCIDO
- ☆ INCUBO

ALTRO:
_____
_____
_____
_____

Le mie emozioni...

- ☆ _____
- ☆ _____
- ☆ _____

_____
_____
_____
_____

Riflessioni...

_____
_____
_____
_____
_____
_____
_____
_____
_____
_____
_____
_____
_____
_____
_____
_____
_____
_____
_____
_____

Data: _____

Ora: _____

Il mio sogno: _____

_____

_____

_____

_____

_____

_____

_____

_____

_____

_____

_____

_____

_____

_____

_____

_____

_____

_____

_____

_____

_____

_____

_____

_____

_____

_____

sogno...

- ☆ RICORRENTE
- ☆ LUCIDO
- ☆ INCUBO

ALTRO:
_____
_____
_____
_____

Le mie emozioni...

- ☆ _____
- ☆ _____
- ☆ _____

_____
_____
_____
_____

Riflessioni...

_____
_____
_____
_____
_____
_____
_____
_____
_____
_____
_____
_____
_____
_____
_____
_____
_____
_____

Data: _____
Ora: _____

Il mio sogno: _____

_____
_____
_____
_____
_____
_____
_____
_____
_____
_____
_____
_____
_____
_____
_____
_____
_____
_____
_____
_____
_____
_____
_____
_____

sogno...
☆ RICORRENTE
☆ LUCIDO
☆ INCUBO

ALTRO:
_____
_____
_____
_____

Le mie emozioni...
☆ _____
☆ _____
☆ _____

_____
_____
_____
_____

Riflessioni...
_____
_____
_____
_____
_____
_____
_____
_____
_____
_____
_____
_____
_____
_____
_____
_____

Data: _____

Ora: _____

Il mio sogno: _____

_____
_____
_____
_____
_____
_____
_____
_____
_____
_____
_____
_____
_____
_____
_____
_____
_____
_____
_____
_____
_____
_____
_____
_____
_____

sogno...

☆ RICORRENTE
☆ LUCIDO
☆ INCUBO

ALTRO:
_____
_____
_____
_____

Le mie emozioni...

☆ _____
☆ _____
☆ _____

_____
_____
_____

Riflessioni...

_____
_____
_____
_____
_____
_____
_____
_____
_____
_____
_____
_____
_____
_____
_____
_____
_____

Data: _____

Ora: _____

Il mio sogno:

_____
_____
_____
_____
_____
_____
_____
_____
_____
_____
_____
_____
_____
_____
_____
_____
_____
_____
_____
_____
_____
_____
_____
_____

sogno...

☆ RICORRENTE
☆ LUCIDO
☆ INCUBO

ALTRO:
_____
_____
_____
_____

Le mie emozioni...

☆ _____
☆ _____
☆ _____

_____
_____
_____

Riflessioni...

_____
_____
_____
_____
_____
_____
_____
_____
_____
_____
_____
_____
_____
_____
_____
_____
_____
_____
_____

Data : _____

Ora : _____

Il mio sogno :

_____

_____

_____

_____

_____

_____

_____

_____

_____

_____

_____

_____

_____

_____

_____

_____

_____

_____

_____

_____

_____

_____

_____

_____

sogno...

☆ RICORRENTE
☆ LUCIDO
☆ INCUBO

ALTRO:
_____
_____
_____
_____

Le mie emozioni...

☆ _____
☆ _____
☆ _____

_____
_____
_____
_____

Riflessioni...

_____
_____
_____
_____
_____
_____
_____
_____
_____
_____
_____
_____
_____
_____
_____
_____

Data: _____
Ora: _____

Il mio sogno: _____

_____
_____
_____
_____
_____
_____
_____
_____
_____
_____
_____
_____
_____
_____
_____
_____
_____
_____
_____
_____
_____
_____
_____
_____
_____
_____

sogno...

☆ RICORRENTE

☆ LUCIDO

☆ INCUBO

ALTRO:

_____
_____
_____

Le mie emozioni...

☆ _____

☆ _____

☆ _____

_____
_____
_____

Riflessioni... _____

_____
_____
_____
_____
_____
_____
_____
_____
_____
_____
_____
_____
_____
_____
_____
_____
_____

Data: _____
Ora: _____

Il mio sogno:

_____
_____
_____
_____
_____
_____
_____
_____
_____
_____
_____
_____
_____
_____
_____
_____
_____
_____
_____
_____
_____
_____
_____
_____
_____

sogno...

☆ RICORRENTE
☆ LUCIDO
☆ INCUBO

ALTRO:
_____
_____
_____

Le mie emozioni...

☆ _____
☆ _____
☆ _____

_____
_____
_____

Riflessioni...

_____
_____
_____
_____
_____
_____
_____
_____
_____
_____
_____
_____
_____
_____
_____
_____
_____
_____
_____

Data: _____

Ora: _____

Il mio sogno:

_____
_____
_____
_____
_____
_____
_____
_____
_____
_____
_____
_____
_____
_____
_____
_____
_____
_____
_____
_____
_____
_____
_____
_____

sogno...
☆ RICORRENTE
☆ LUCIDO
☆ INCUBO

ALTRO:
_____
_____
_____
_____

Le mie emozioni...
☆ _____
☆ _____
☆ _____

_____
_____
_____
_____

Riflessioni...
_____
_____
_____
_____
_____
_____
_____
_____
_____
_____
_____
_____
_____
_____
_____
_____
_____
_____

Data: _____

Ora: _____

Il mio sogno:

_____
_____
_____
_____
_____
_____
_____
_____
_____
_____
_____
_____
_____
_____
_____
_____
_____
_____
_____
_____
_____
_____
_____
_____
_____

sogno...
- ☆ RICORRENTE
- ☆ LUCIDO
- ☆ INCUBO

ALTRO:
_____
_____
_____
_____

Le mie emozioni...

- ☆ _____
- ☆ _____
- ☆ _____

_____
_____
_____
_____

Riflessioni...

_____
_____
_____
_____
_____
_____
_____
_____
_____
_____
_____
_____
_____
_____
_____
_____
_____
_____

Data: _____

Ora: _____

Il mio sogno: _____

_____

_____

_____

_____

_____

_____

_____

_____

_____

_____

_____

_____

_____

_____

_____

_____

_____

_____

_____

_____

_____

_____

_____

_____

_____

sogno...

☆ RICORRENTE
☆ LUCIDO
☆ INCUBO

ALTRO:
_____
_____
_____

Le mie emozioni...

☆ _____
☆ _____
☆ _____

_____
_____
_____

Riflessioni...

_____
_____
_____
_____
_____
_____
_____
_____
_____
_____
_____
_____
_____
_____
_____
_____
_____

Data: _____

Ora: _____

Il mio sogno:

_____
_____
_____
_____
_____
_____
_____
_____
_____
_____
_____
_____
_____
_____
_____
_____
_____
_____
_____
_____
_____
_____
_____
_____

sogno...
- ☆ RICORRENTE
- ☆ LUCIDO
- ☆ INCUBO

ALTRO:
_____
_____
_____
_____

Le mie emozioni...
- ☆ _____
- ☆ _____
- ☆ _____

_____
_____
_____
_____

Riflessioni... _____
_____
_____
_____
_____
_____
_____
_____
_____
_____
_____
_____
_____
_____
_____
_____

Data: _____

Ora: _____

Il mio sogno: _____

_____
_____
_____
_____
_____
_____
_____
_____
_____
_____
_____
_____
_____
_____
_____
_____
_____
_____
_____
_____
_____
_____
_____
_____

sogno...

☆ RICORRENTE

☆ LUCIDO

☆ INCUBO

ALTRO:
_____
_____
_____
_____

Le mie emozioni...

☆ _____

☆ _____

☆ _____

_____
_____
_____
_____

Riflessioni...

_____
_____
_____
_____
_____
_____
_____
_____
_____
_____
_____
_____
_____
_____
_____
_____
_____

Data : _____

Ora : _____

Il mio sogno :

_____
_____
_____
_____
_____
_____
_____
_____
_____
_____
_____
_____
_____
_____
_____
_____
_____
_____
_____
_____
_____
_____
_____
_____
_____
_____

sogno...
☆ RICORRENTE
☆ LUCIDO
☆ INCUBO

ALTRO:
_____
_____
_____
_____

Le mie emozioni...
☆ _____
☆ _____
☆ _____

_____
_____
_____

Riflessioni... _____
_____
_____
_____
_____
_____
_____
_____
_____
_____
_____
_____
_____
_____
_____
_____
_____
_____
_____
_____

Data: _____

Ora: _____

Il mio sogno: _____

sogno...
- ☆ RICORRENTE
- ☆ LUCIDO
- ☆ INCUBO

ALTRO:
_____
_____
_____

Le mie emozioni...

- ☆ _____
- ☆ _____
- ☆ _____

_____
_____
_____

Riflessioni...

_____
_____
_____
_____
_____
_____
_____
_____
_____
_____
_____
_____
_____
_____
_____
_____
_____

Data: _____

Ora: _____

Il mio sogno: _____

_____
_____
_____
_____
_____
_____
_____
_____
_____
_____
_____
_____
_____
_____
_____
_____
_____
_____
_____
_____
_____
_____
_____
_____
_____
_____

sogno...

- ☆ RICORRENTE
- ☆ LUCIDO
- ☆ INCUBO

ALTRO:
_____
_____
_____

Le mie emozioni...

- ☆ _____
- ☆ _____
- ☆ _____

_____
_____
_____

Riflessioni...

_____
_____
_____
_____
_____
_____
_____
_____
_____
_____
_____
_____
_____
_____
_____
_____

Data: _____

Ora: _____

Il mio sogno: _____

_____
_____
_____
_____
_____
_____
_____
_____
_____
_____
_____
_____
_____
_____
_____
_____
_____
_____
_____
_____
_____
_____
_____
_____
_____

sogno... ☆ RICORRENTE
☆ LUCIDO
☆ INCUBO

ALTRO:
_____
_____
_____

Le mie emozioni...

☆ _____
☆ _____
☆ _____

_____
_____
_____

Riflessioni...

_____
_____
_____
_____
_____
_____
_____
_____
_____
_____
_____
_____
_____
_____
_____
_____
_____
_____
_____

Data: _____

Ora: _____

Il mio sogno:

_____
_____
_____
_____
_____
_____
_____
_____
_____
_____
_____
_____
_____
_____
_____
_____
_____
_____
_____
_____
_____
_____
_____

sogno...
- ☆ RICORRENTE
- ☆ LUCIDO
- ☆ INCUBO

ALTRO:
_____
_____
_____
_____

Le mie emozioni...

- ☆ _____
- ☆ _____
- ☆ _____

_____
_____
_____

Riflessioni...

_____
_____
_____
_____
_____
_____
_____
_____
_____
_____
_____
_____
_____
_____
_____
_____
_____

Data: _____
Ora: _____

Il mio sogno: _____

sogno...

☆ RICORRENTE
☆ LUCIDO
☆ INCUBO

ALTRO:
_____
_____
_____

Le mie emozioni...

☆ _____
☆ _____
☆ _____

_____
_____
_____

Riflessioni...

_____
_____
_____
_____
_____
_____
_____
_____
_____
_____
_____
_____
_____
_____
_____
_____

Data: _____

Ora: _____

Il mio sogno: _____

_____
_____
_____
_____
_____
_____
_____
_____
_____
_____
_____
_____
_____
_____
_____
_____
_____
_____
_____
_____
_____
_____
_____

sogno...

☆ RICORRENTE
☆ LUCIDO
☆ INCUBO

ALTRO:
_____
_____
_____
_____

Le mie emozioni...

☆ _____
☆ _____
☆ _____

_____
_____
_____

Riflessioni... _____

_____
_____
_____
_____
_____
_____
_____
_____
_____
_____
_____
_____
_____
_____
_____
_____
_____
_____

Data: _____

Ora: _____

Il mio sogno:

_____
_____
_____
_____
_____
_____
_____
_____
_____
_____
_____
_____
_____
_____
_____
_____
_____
_____
_____
_____
_____
_____

sogno...
- ☆ RICORRENTE
- ☆ LUCIDO
- ☆ INCUBO

ALTRO:
_____
_____
_____
_____

Le mie emozioni...
- ☆ _____
- ☆ _____
- ☆ _____

_____
_____
_____

Riflessioni...
_____
_____
_____
_____
_____
_____
_____
_____
_____
_____
_____
_____
_____
_____
_____
_____

Data: _____
Ora: _____

Il mio sogno: _____

_____
_____
_____
_____
_____
_____
_____
_____
_____
_____
_____
_____
_____
_____
_____
_____
_____
_____
_____
_____
_____
_____

sogno...
- ☆ RICORRENTE
- ☆ LUCIDO
- ☆ INCUBO

ALTRO:
_____
_____
_____
_____

Le mie emozioni...

- ☆ _____
- ☆ _____
- ☆ _____

_____
_____
_____

Riflessioni...

_____
_____
_____
_____
_____
_____
_____
_____
_____
_____
_____
_____
_____
_____
_____
_____
_____
_____

Data: _____

Ora: _____

Il mio sogno: _____

_____

_____

_____

_____

_____

_____

_____

_____

_____

_____

_____

_____

_____

_____

_____

_____

_____

_____

_____

_____

_____

_____

_____

sogno...
- ☆ RICORRENTE
- ☆ LUCIDO
- ☆ INCUBO

ALTRO:
_____
_____
_____

Le mie emozioni...

☆ _____

☆ _____

☆ _____

_____
_____
_____
_____

Riflessioni...

_____
_____
_____
_____
_____
_____
_____
_____
_____
_____
_____
_____
_____
_____
_____
_____

Data: _____

Ora: _____

Il mio sogno:

_____
_____
_____
_____
_____
_____
_____
_____
_____
_____
_____
_____
_____
_____
_____
_____
_____
_____
_____
_____
_____
_____
_____
_____

sogno...
☆ RICORRENTE
☆ LUCIDO
☆ INCUBO

ALTRO:
_____
_____
_____
_____

Le mie emozioni...
☆ _____
☆ _____
☆ _____

_____
_____
_____
_____

Riflessioni...
_____
_____
_____
_____
_____
_____
_____
_____
_____
_____
_____
_____
_____
_____
_____
_____
_____
_____

Data: _____

Ora: _____

Il mio sogno: _____

_____
_____
_____
_____
_____
_____
_____
_____
_____
_____
_____
_____
_____
_____
_____
_____
_____
_____
_____
_____
_____
_____
_____
_____
_____
_____
_____

sogno...
- ☆ RICORRENTE
- ☆ LUCIDO
- ☆ INCUBO

ALTRO:
_____
_____
_____
_____

Le mie emozioni...

- ☆ _____
- ☆ _____
- ☆ _____

_____
_____
_____

Riflessioni...

_____
_____
_____
_____
_____
_____
_____
_____
_____
_____
_____
_____
_____
_____
_____
_____
_____

Data: _____

Ora: _____

Il mio sogno: _____

_____
_____
_____
_____
_____
_____
_____
_____
_____
_____
_____
_____
_____
_____
_____
_____
_____
_____
_____
_____
_____
_____
_____

sogno...
- ☆ RICORRENTE
- ☆ LUCIDO
- ☆ INCUBO

ALTRO:
_____
_____
_____
_____

Le mie emozioni...
- ☆ _____
- ☆ _____
- ☆ _____

_____
_____
_____

Riflessioni...

_____
_____
_____
_____
_____
_____
_____
_____
_____
_____
_____
_____
_____
_____
_____
_____
_____

Data : _____

Ora : _____

Il mio sogno: _____

_____

_____

_____

_____

_____

_____

_____

_____

_____

_____

_____

_____

_____

_____

_____

_____

_____

_____

_____

_____

_____

_____

_____

_____

_____

sogno...

- ☆ RICORRENTE
- ☆ LUCIDO
- ☆ INCUBO

ALTRO:
_____
_____
_____
_____

Le mie emozioni...

- ☆ _____
- ☆ _____
- ☆ _____

_____
_____
_____
_____

Riflessioni... _____

_____
_____
_____
_____
_____
_____
_____
_____
_____
_____
_____
_____
_____
_____
_____
_____

Data: ———————

Ora: ————

Il mio sogno:

_____
_____
_____
_____
_____
_____
_____
_____
_____
_____
_____
_____
_____
_____
_____
_____
_____
_____
_____
_____
_____
_____

sogno...

☆ RICORRENTE
☆ LUCIDO
☆ INCUBO

ALTRO:
_____
_____
_____
_____

Le mie emozioni...

☆ _____
☆ _____
☆ _____

_____
_____
_____
_____

Riflessioni...

_____
_____
_____
_____
_____
_____
_____
_____
_____
_____
_____
_____
_____
_____
_____
_____
_____

Data: _____

Ora: _____

Il mio sogno:

_____

_____

_____

_____

_____

_____

_____

_____

_____

_____

_____

_____

_____

_____

_____

_____

_____

_____

_____

_____

_____

_____

_____

sogno...
☆ RICORRENTE
☆ LUCIDO
☆ INCUBO

ALTRO:
_____
_____
_____
_____

Le mie emozioni...
☆ _____
☆ _____
☆ _____

_____
_____
_____

Riflessioni...
_____
_____
_____
_____
_____
_____
_____
_____
_____
_____
_____
_____
_____
_____
_____
_____
_____
_____

Data: _____

Ora: _____

Il mio sogno: _____

_____

_____

_____

_____

_____

_____

_____

_____

_____

_____

_____

_____

_____

_____

_____

_____

_____

_____

_____

_____

_____

_____

_____

sogno...

☆ RICORRENTE
☆ LUCIDO
☆ INCUBO

ALTRO:
_____
_____
_____
_____

Le mie emozioni...

☆ _____
☆ _____
☆ _____

_____
_____
_____
_____

Riflessioni...

_____
_____
_____
_____
_____
_____
_____
_____
_____
_____
_____
_____
_____
_____
_____
_____
_____
_____

Data: _____

Ora: _____

Il mio sogno: _____

sogno...

☆ RICORRENTE
☆ LUCIDO
☆ INCUBO

ALTRO:
_____
_____
_____
_____

Le mie emozioni...

☆ _____
☆ _____
☆ _____

_____
_____
_____
_____

Riflessioni...

_____
_____
_____
_____
_____
_____
_____
_____
_____
_____
_____
_____
_____
_____
_____
_____
_____
_____

Data: _____

Ora: _____

Il mio sogno: _____

_____
_____
_____
_____
_____
_____
_____
_____
_____
_____
_____
_____
_____
_____
_____
_____
_____
_____
_____
_____
_____
_____
_____
_____
_____

sogno...

☆ RICORRENTE
☆ LUCIDO
☆ INCUBO

ALTRO:
_____
_____
_____

Le mie emozioni...

☆ _____
☆ _____
☆ _____

_____
_____
_____

Riflessioni...

_____
_____
_____
_____
_____
_____
_____
_____
_____
_____
_____
_____
_____
_____
_____

Data: _____

Ora: _____

Il mio sogno:

_____

_____

_____

_____

_____

_____

_____

_____

_____

_____

_____

_____

_____

_____

_____

_____

_____

_____

_____

_____

_____

Sogno... ☆ RICORRENTE
☆ LUCIDO
☆ INCUBO

ALTRO:
_____
_____
_____

Le mie emozioni...

☆ _____
☆ _____
☆ _____

_____
_____
_____
_____

Riflessioni...

_____
_____
_____
_____
_____
_____
_____
_____
_____
_____
_____
_____
_____
_____
_____
_____
_____

Data: _____
Ora: _____

Il mio sogno: _____

_____
_____
_____
_____
_____
_____
_____
_____
_____
_____
_____
_____
_____
_____
_____
_____
_____
_____
_____
_____
_____

sogno...

- ☆ RICORRENTE
- ☆ LUCIDO
- ☆ INCUBO

ALTRO:
_____
_____
_____
_____

Le mie emozioni...

- ☆ _____
- ☆ _____
- ☆ _____

_____
_____
_____

Riflessioni...

_____
_____
_____
_____
_____
_____
_____
_____
_____
_____
_____
_____
_____
_____
_____
_____
_____

Data : ———————

Ora : ————

Il mio sogno: ————

sogno...
☆ RICORRENTE
☆ LUCIDO
☆ INCUBO

ALTRO:
_____
_____
_____
_____

Le mie emozioni...
☆ _____
☆ _____
☆ _____

_____
_____
_____
_____

Riflessioni...
_____
_____
_____
_____
_____
_____
_____
_____
_____
_____
_____
_____
_____
_____
_____
_____
_____

Data: _____

Ora: _____

Il mio sogno:

_____
_____
_____
_____
_____
_____
_____
_____
_____
_____
_____
_____
_____
_____
_____
_____
_____
_____
_____
_____
_____
_____
_____
_____

sogno...
☆ RICORRENTE
☆ LUCIDO
☆ INCUBO

ALTRO:
_____
_____
_____
_____

Le mie emozioni...

☆ _____
☆ _____
☆ _____

_____
_____
_____

Riflessioni...

_____
_____
_____
_____
_____
_____
_____
_____
_____
_____
_____
_____
_____
_____
_____
_____
_____
_____

Data: _____

Ora: _____

Il mio sogno:

_____
_____
_____
_____
_____
_____
_____
_____
_____
_____
_____
_____
_____
_____
_____
_____
_____
_____
_____
_____
_____
_____
_____
_____
_____
_____

sogno...

- ☆ RICORRENTE
- ☆ LUCIDO
- ☆ INCUBO

ALTRO:
_____
_____
_____
_____

Le mie emozioni...

- ☆ _____
- ☆ _____
- ☆ _____

_____
_____
_____

Riflessioni...

_____
_____
_____
_____
_____
_____
_____
_____
_____
_____
_____
_____
_____
_____
_____
_____

Data: _____

Ora: _____

Il mio sogno: _____

_____
_____
_____
_____
_____
_____
_____
_____
_____
_____
_____
_____
_____
_____
_____
_____
_____
_____
_____
_____
_____
_____
_____
_____
_____
_____
_____
_____

sogno...
- ☆ RICORRENTE
- ☆ LUCIDO
- ☆ INCUBO

ALTRO:
_____
_____
_____
_____

Le mie emozioni...

- ☆ _____
- ☆ _____
- ☆ _____

_____
_____
_____
_____

Riflessioni...

_____
_____
_____
_____
_____
_____
_____
_____
_____
_____
_____
_____
_____
_____
_____
_____
_____
_____

Data : _____

Ora : _____

Il mio sogno : _____

sogno...
- ☆ RICORRENTE
- ☆ LUCIDO
- ☆ INCUBO

ALTRO:
_____
_____
_____
_____

Le mie emozioni...

- ☆ _____
- ☆ _____
- ☆ _____

_____
_____
_____

Riflessioni...

_____
_____
_____
_____
_____
_____
_____
_____
_____
_____
_____
_____
_____
_____
_____
_____

Data: _____
Ora: _____

Il mio sogno:

_____
_____
_____
_____
_____
_____
_____
_____
_____
_____
_____
_____
_____
_____
_____
_____
_____
_____
_____
_____
_____
_____
_____

sogno...

- ☆ RICORRENTE
- ☆ LUCIDO
- ☆ INCUBO

ALTRO:
_____
_____
_____

Le mie emozioni...

- ☆ _____
- ☆ _____
- ☆ _____

_____
_____
_____

Riflessioni...

_____
_____
_____
_____
_____
_____
_____
_____
_____
_____
_____
_____
_____
_____
_____
_____
_____

Data: _____

Ora: _____

☆ Il mio sogno: _____

_____
_____
_____
_____
_____
_____
_____
_____
_____
_____
_____
_____
_____
_____
_____
_____
_____
_____
_____
_____
_____
_____
_____
_____
_____

sogno...

☆ RICORRENTE
☆ LUCIDO
☆ INCUBO

ALTRO:
_____
_____
_____

Le mie emozioni...

☆ _____
☆ _____
☆ _____

_____
_____
_____

Riflessioni... _____

_____
_____
_____
_____
_____
_____
_____
_____
_____
_____
_____
_____
_____
_____
_____
_____
_____
_____

Data: _____

Ora: _____

Il mio sogno:

_____
_____
_____
_____
_____
_____
_____
_____
_____
_____
_____
_____
_____
_____
_____
_____
_____
_____
_____
_____
_____
_____
_____
_____
_____

sogno...
☆ RICORRENTE
☆ LUCIDO
☆ INCUBO

ALTRO:
_____
_____
_____
_____

Le mie emozioni...

☆ _____
☆ _____
☆ _____

_____
_____
_____
_____

Riflessioni... _____

_____
_____
_____
_____
_____
_____
_____
_____
_____
_____
_____
_____
_____
_____
_____
_____
_____

Data: _____

Ora: _____

Il mio sogno:

_____

_____

_____

_____

_____

_____

_____

_____

_____

_____

_____

_____

_____

_____

_____

_____

_____

_____

_____

_____

_____

_____

_____

_____

sogno...
- ☆ RICORRENTE
- ☆ LUCIDO
- ☆ INCUBO

ALTRO:
_____
_____
_____
_____

Le mie emozioni...
- ☆ _____
- ☆ _____
- ☆ _____

_____
_____
_____

Riflessioni... _____

_____
_____
_____
_____
_____
_____
_____
_____
_____
_____
_____
_____
_____
_____
_____
_____

Data : _____

Ora : _____

Il mio sogno: _____

_____

_____

_____

_____

_____

_____

_____

_____

_____

_____

_____

_____

_____

_____

_____

_____

_____

_____

_____

_____

_____

_____

_____

sogno...
- ☆ RICORRENTE
- ☆ LUCIDO
- ☆ INCUBO

ALTRO:
_____
_____
_____

Le mie emozioni...

- ☆ _____
- ☆ _____
- ☆ _____

_____
_____
_____

Riflessioni...

Data: _____

Ora: _____

Il mio sogno:

_____

_____

_____

_____

_____

_____

_____

_____

_____

_____

_____

_____

_____

_____

_____

_____

_____

_____

_____

_____

_____

sogno... ☆ RICORRENTE
☆ LUCIDO
☆ INCUBO

ALTRO:
_____
_____
_____

Le mie emozioni...
☆ _____
☆ _____
☆ _____

_____
_____
_____

Riflessioni...
_____
_____
_____
_____
_____
_____
_____
_____
_____
_____
_____
_____
_____
_____
_____
_____

Data: _____

Ora: _____

Il mio sogno: _____

_____

_____

_____

_____

_____

_____

_____

_____

_____

_____

_____

_____

_____

_____

_____

_____

_____

_____

_____

_____

_____

_____

_____

_____

sogno...
☆ RICORRENTE
☆ LUCIDO
☆ INCUBO

ALTRO:
_____
_____
_____

Le mie emozioni...
☆ _____
☆ _____
☆ _____

_____
_____
_____

Riflessioni... _____
_____
_____
_____
_____
_____
_____
_____
_____
_____
_____
_____
_____
_____
_____
_____
_____

Data: _____

Ora: _____

Il mio sogno:

sogno...

- ☆ RICORRENTE
- ☆ LUCIDO
- ☆ INCUBO

ALTRO:
_____
_____
_____
_____

Le mie emozioni...

- ☆ _____
- ☆ _____
- ☆ _____

_____
_____
_____
_____

Riflessioni...

_____
_____
_____
_____
_____
_____
_____
_____
_____
_____
_____
_____
_____
_____
_____
_____

Data: _____
Ora: _____

Il mio sogno: _____

_____
_____
_____
_____
_____
_____
_____
_____
_____
_____
_____
_____
_____
_____
_____
_____
_____
_____
_____
_____
_____
_____

sogno...
☆ RICORRENTE
☆ LUCIDO
☆ INCUBO

ALTRO:
_____
_____
_____

Le mie emozioni...
☆ _____
☆ _____
☆ _____

_____
_____
_____
_____

Riflessioni...
_____
_____
_____
_____
_____
_____
_____
_____
_____
_____
_____
_____
_____
_____
_____
_____
_____
_____
_____

Data: _____
Ora: _____

Il mio sogno: _____

_____
_____
_____
_____
_____
_____
_____
_____
_____
_____
_____
_____
_____
_____
_____
_____
_____
_____
_____
_____
_____
_____
_____
_____
_____
_____
_____

sogno...

☆ RICORRENTE
☆ LUCIDO
☆ INCUBO

ALTRO:
_____
_____
_____
_____

Le mie emozioni...

☆ _____
☆ _____
☆ _____

_____
_____
_____

Riflessioni...

_____
_____
_____
_____
_____
_____
_____
_____
_____
_____
_____
_____
_____
_____
_____
_____
_____
_____
_____

Data: _____

Ora: _____

Il mio sogno: _____

_____
_____
_____
_____
_____
_____
_____
_____
_____
_____
_____
_____
_____
_____
_____
_____
_____
_____
_____
_____
_____
_____
_____
_____

sogno...

☆ RICORRENTE

☆ LUCIDO

☆ INCUBO

ALTRO:

_____

_____

_____

Le mie emozioni...

☆ _____

☆ _____

☆ _____

_____

_____

_____

Riflessioni...

_____
_____
_____
_____
_____
_____
_____
_____
_____
_____
_____
_____
_____
_____
_____
_____
_____
_____

Data : _____

Ora : _____

Il mio sogno:

_____
_____
_____
_____
_____
_____
_____
_____
_____
_____
_____
_____
_____
_____
_____
_____
_____
_____
_____
_____
_____
_____
_____

sogno...
☆ RICORRENTE
☆ LUCIDO
☆ INCUBO

ALTRO:
_____
_____
_____
_____

Le mie emozioni...

☆ _____
☆ _____
☆ _____

_____
_____
_____
_____

Riflessioni... _____

_____
_____
_____
_____
_____
_____
_____
_____
_____
_____
_____
_____
_____
_____
_____
_____

Data: _____

Ora: _____

Il mio sogno: _____

_____
_____
_____
_____
_____
_____
_____
_____
_____
_____
_____
_____
_____
_____
_____
_____
_____
_____
_____
_____
_____
_____
_____
_____
_____

sogno...
- ☆ RICORRENTE
- ☆ LUCIDO
- ☆ INCUBO

ALTRO:
_____
_____
_____

Le mie emozioni...
- ☆ _____
- ☆ _____
- ☆ _____

_____
_____
_____
_____

Riflessioni...
_____
_____
_____
_____
_____
_____
_____
_____
_____
_____
_____
_____
_____
_____
_____
_____
_____
_____
_____

Data: _____
Ora: _____

Il mio sogno:

_____
_____
_____
_____
_____
_____
_____
_____
_____
_____
_____
_____
_____
_____
_____
_____
_____
_____
_____
_____
_____
_____
_____
_____
_____

sogno...
☆ RICORRENTE
☆ LUCIDO
☆ INCUBO

ALTRO:
_____
_____
_____

Le mie emozioni...
☆ _____
☆ _____
☆ _____

_____
_____
_____
_____

Riflessioni...

_____
_____
_____
_____
_____
_____
_____
_____
_____
_____
_____
_____
_____
_____
_____
_____
_____
_____

Data: _____

Ora: _____

Il mio sogno:

_____

_____

_____

_____

_____

_____

_____

_____

_____

_____

_____

_____

_____

_____

_____

_____

_____

_____

_____

_____

_____

_____

_____

sogno...
☆ RICORRENTE
☆ LUCIDO
☆ INCUBO

ALTRO:
_____
_____
_____

Le mie emozioni...
☆ _____
☆ _____
☆ _____

_____
_____
_____

Riflessioni...
_____
_____
_____
_____
_____
_____
_____
_____
_____
_____
_____
_____
_____
_____
_____
_____
_____
_____
_____

Data: _____

Ora: _____

Il mio sogno: _____

_____
_____
_____
_____
_____
_____
_____
_____
_____
_____
_____
_____
_____
_____
_____
_____
_____
_____
_____
_____
_____
_____
_____

sogno...

☆ RICORRENTE
☆ LUCIDO
☆ INCUBO

ALTRO:
_____
_____
_____
_____

Le mie emozioni...

☆ _____
☆ _____
☆ _____

_____
_____
_____

Riflessioni...

_____
_____
_____
_____
_____
_____
_____
_____
_____
_____
_____
_____
_____
_____
_____
_____
_____
_____

Data: _____

Ora: _____

Il mio sogno:

_____

_____

_____

_____

_____

_____

_____

_____

_____

_____

_____

_____

_____

_____

_____

_____

_____

_____

_____

_____

_____

_____

_____

_____

sogno...
- ☆ RICORRENTE
- ☆ LUCIDO
- ☆ INCUBO

ALTRO:
_____
_____
_____
_____

Le mie emozioni...

- ☆ _____
- ☆ _____
- ☆ _____

_____
_____
_____

Riflessioni...

_____
_____
_____
_____
_____
_____
_____
_____
_____
_____
_____
_____
_____
_____
_____
_____

Data: _____

Ora: _____

Il mio sogno: _____

_____

_____

_____

_____

_____

_____

_____

_____

_____

_____

_____

_____

_____

_____

_____

_____

_____

_____

_____

_____

_____

_____

_____

_____

_____

_____

sogno...
- ☆ RICORRENTE
- ☆ LUCIDO
- ☆ INCUBO

ALTRO:
_____
_____
_____

Le mie emozioni...
- ☆ _____
- ☆ _____
- ☆ _____

_____
_____
_____

Riflessioni...

_____
_____
_____
_____
_____
_____
_____
_____
_____
_____
_____
_____
_____
_____
_____
_____

Data: _____

Ora: _____

Il mio sogno: _____

_____

_____

_____

_____

_____

_____

_____

_____

_____

_____

_____

_____

_____

_____

_____

_____

_____

_____

_____

_____

_____

_____

_____

_____

_____

sogno...

☆ RICORRENTE
☆ LUCIDO
☆ INCUBO

ALTRO:
_____
_____
_____

Le mie emozioni...

☆ _____
☆ _____
☆ _____

_____
_____
_____

Riflessioni...

_____
_____
_____
_____
_____
_____
_____
_____
_____
_____
_____
_____
_____
_____
_____
_____

Data: _____
Ora: _____

Il mio sogno:

_____
_____
_____
_____
_____
_____
_____
_____
_____
_____
_____
_____
_____
_____
_____
_____
_____
_____
_____
_____
_____
_____
_____
_____

sogno...
☆ RICORRENTE
☆ LUCIDO
☆ INCUBO

ALTRO:
_____
_____
_____

Le mie emozioni...
☆ _____
☆ _____
☆ _____

_____
_____
_____

Riflessioni...
_____
_____
_____
_____
_____
_____
_____
_____
_____
_____
_____
_____
_____
_____
_____
_____

Data: _____
Ora: _____

Il mio sogno: _____
_____
_____
_____
_____
_____
_____
_____
_____
_____
_____
_____
_____
_____
_____
_____
_____
_____
_____
_____
_____
_____
_____
_____

sogno...
- ☆ RICORRENTE
- ☆ LUCIDO
- ☆ INCUBO

ALTRO:
_____
_____
_____
_____

Le mie emozioni...

- ☆ _____
- ☆ _____
- ☆ _____

_____
_____
_____

Riflessioni...

_____
_____
_____
_____
_____
_____
_____
_____
_____
_____
_____
_____
_____
_____
_____
_____

Data: _____

Ora: _____

Il mio sogno:

_____

_____

_____

_____

_____

_____

_____

_____

_____

_____

_____

_____

_____

_____

_____

_____

_____

_____

_____

_____

_____

_____

_____

_____

sogno...

- ☆ RICORRENTE
- ☆ LUCIDO
- ☆ INCUBO

ALTRO:
_____
_____
_____
_____

Le mie emozioni...

- ☆ _____
- ☆ _____
- ☆ _____

_____
_____
_____

Riflessioni...

_____
_____
_____
_____
_____
_____
_____
_____
_____
_____
_____
_____
_____
_____
_____
_____
_____

Data: _____

Ora: _____

Il mio sogno: _____

_____

_____

_____

_____

_____

_____

_____

_____

_____

_____

_____

_____

_____

_____

_____

_____

_____

_____

_____

_____

_____

_____

_____

sogno...
☆ RICORRENTE
☆ LUCIDO
☆ INCUBO

ALTRO:
_____
_____
_____

Le mie emozioni...
☆ _____
☆ _____
☆ _____

_____
_____
_____

Riflessioni...
_____
_____
_____
_____
_____
_____
_____
_____
_____
_____
_____
_____
_____
_____
_____
_____
_____

Data: _____

Ora: _____

Il mio sogno:

_____
_____
_____
_____
_____
_____
_____
_____
_____
_____
_____
_____
_____
_____
_____
_____
_____
_____
_____
_____
_____
_____

sogno... ☆ RICORRENTE
☆ LUCIDO
☆ INCUBO

ALTRO:
_____
_____
_____
_____

Le mie emozioni...

☆ _____
☆ _____
☆ _____

_____
_____
_____
_____

Riflessioni...
_____
_____
_____
_____
_____
_____
_____
_____
_____
_____
_____
_____
_____
_____
_____
_____
_____
_____

Data: _____

Ora: _____

Il mio sogno:

_____
_____
_____
_____
_____
_____
_____
_____
_____
_____
_____
_____
_____
_____
_____
_____
_____
_____
_____
_____
_____
_____
_____
_____

sogno...

☆ RICORRENTE
☆ LUCIDO
☆ INCUBO

ALTRO:
_____
_____
_____
_____

Le mie emozioni...

☆ _____
☆ _____
☆ _____

_____
_____
_____

Riflessioni...

_____
_____
_____
_____
_____
_____
_____
_____
_____
_____
_____
_____
_____
_____
_____
_____
_____

Data: _____
Ora: _____

Il mio sogno: _____

_____
_____
_____
_____
_____
_____
_____
_____
_____
_____
_____
_____
_____
_____
_____
_____
_____
_____
_____
_____
_____
_____
_____
_____

sogno...

- ☆ RICORRENTE
- ☆ LUCIDO
- ☆ INCUBO

ALTRO:
_____
_____
_____

Le mie emozioni...

- ☆ _____
- ☆ _____
- ☆ _____

_____
_____
_____

Riflessioni...

_____
_____
_____
_____
_____
_____
_____
_____
_____
_____
_____
_____
_____
_____
_____
_____

Data: _____

Ora: _____

Il mio sogno:

_____
_____
_____
_____
_____
_____
_____
_____
_____
_____
_____
_____
_____
_____
_____
_____
_____
_____
_____
_____
_____
_____
_____
_____
_____

sogno...

☆ RICORRENTE
☆ LUCIDO
☆ INCUBO

ALTRO:
_____
_____
_____
_____

Le mie emozioni...

☆ _____
☆ _____
☆ _____

_____
_____
_____

Riflessioni... _____

_____
_____
_____
_____
_____
_____
_____
_____
_____
_____
_____
_____
_____
_____
_____
_____
_____

Data: _____
Ora: _____

Il mio sogno:

_____
_____
_____
_____
_____
_____
_____
_____
_____
_____
_____
_____
_____
_____
_____
_____
_____
_____
_____
_____
_____
_____
_____
_____

sogno...

- ☆ RICORRENTE
- ☆ LUCIDO
- ☆ INCUBO

ALTRO:
_____
_____
_____

Le mie emozioni...

- ☆ _____
- ☆ _____
- ☆ _____

_____
_____
_____

Riflessioni... _____

_____
_____
_____
_____
_____
_____
_____
_____
_____
_____
_____
_____
_____
_____
_____

Data: _____

Ora: _____

Il mio sogno: _____

_____
_____
_____
_____
_____
_____
_____
_____
_____
_____
_____
_____
_____
_____
_____
_____
_____
_____
_____
_____
_____
_____
_____
_____
_____
_____
_____

sogno...

☆ RICORRENTE
☆ LUCIDO
☆ INCUBO

ALTRO:
_____
_____
_____

Le mie emozioni...

☆ _____
☆ _____
☆ _____

_____
_____
_____

Riflessioni... _____

_____
_____
_____
_____
_____
_____
_____
_____
_____
_____
_____
_____
_____
_____
_____
_____
_____

Data: _____

Ora: _____

Il mio sogno: _____

_____

_____

_____

_____

_____

_____

_____

_____

_____

_____

_____

_____

_____

_____

_____

_____

_____

_____

_____

_____

_____

_____

_____

_____

sogno...

- ☆ RICORRENTE
- ☆ LUCIDO
- ☆ INCUBO

ALTRO:
_____
_____
_____
_____

Le mie emozioni...

- ☆ _____
- ☆ _____
- ☆ _____

_____
_____
_____

Riflessioni...

_____
_____
_____
_____
_____
_____
_____
_____
_____
_____
_____
_____
_____
_____
_____
_____
_____
_____
_____

Data: _____
Ora: _____

Il mio sogno: _____

_____
_____
_____
_____
_____
_____
_____
_____
_____
_____
_____
_____
_____
_____
_____
_____
_____
_____
_____
_____
_____
_____
_____
_____
_____
_____

sogno...

- ☆ RICORRENTE
- ☆ LUCIDO
- ☆ INCUBO

ALTRO:
_____
_____
_____
_____

Le mie emozioni...

- ☆ _____
- ☆ _____
- ☆ _____

_____
_____
_____

Riflessioni...

_____
_____
_____
_____
_____
_____
_____
_____
_____
_____
_____
_____
_____
_____
_____
_____

Data: _____

Ora: _____

Il mio sogno: _____

_____

_____

_____

_____

_____

_____

_____

_____

_____

_____

_____

_____

_____

_____

_____

_____

_____

_____

_____

_____

_____

_____

_____

sogno...

- ☆ RICORRENTE
- ☆ LUCIDO
- ☆ INCUBO

ALTRO:
_____
_____
_____
_____

Le mie emozioni...

- ☆ _____
- ☆ _____
- ☆ _____

_____
_____
_____

Riflessioni...

_____
_____
_____
_____
_____
_____
_____
_____
_____
_____
_____
_____
_____
_____
_____
_____
_____
_____